縄文ZINE編集長
望月昭秀

縄文力で生き残れ

縄文意識高い系
ビジネスパーソンの
華 麗 な る
狩猟採集的仕事術
100

創元社

縄文ZINE Books

縄文ZINE
Books

この本を縄文不足の現代のビジネスパーソンに捧げる。
それから僕の縄文話を表情は迷惑そうではあったが、
一応最後まで聞いてくれた友人知人たちにも捧げる。

縄文力で生き残れ
Survive with Jomon
by jomonzine

縄文意識高い系

ビジネスパーソンの
狩猟採集的仕事術

INDEX

8 **01**
ビジネスとは、
狩りである。

12 **02**
相談する相手が
上司ではなく森。

13 **03**
昼食は
道で採集する。

14 **04**
立体的すぎる
マイ・タンブラー。

16 **05**
好きな番組は
「ワールドビジネス
サテライト集落」だ。

17 **06**
「結局は再生の
シンボルだ」と
主張する。

18 **07**
予算が渋そうな
案件は、水に晒して
渋みをとる。

19 **08**
新人のうちは
他集落へアポなし
交易に行かされる。

20 **09**
なんでもドングリに
換算する。

20 **10**
経理が
どんぐり勘定だ。

22 **11**
打製か磨製か
大激論。

23 **12**
同僚が森に
直行直帰する。

24 **13**
通勤路に
落とし穴を掘る。

25 **14**
社内にも
落とし穴を掘る。

26 **15**
新人研修の終盤に
「抜歯」を行うと告げる。

28 **16**
石棒はカミへの
プレゼンツール。

29 **17**
石棒祭祀が
セクハラだと
問題になる。

31 **18**
パソコンの
カーソルが
ヤジリだ。

32 **19**
コピー機は
再生の象徴だ。

33 **20**
Ctrl＋Zは
再生への
ショートカットだ。

34 **21**
大型案件とは、
たいていマンモスや
オオツノジカのこと。

35 **22**
先輩は
ぽつりと動物を
ほめることがある。

36 **23**
「火おこしが早い
やつは出世も早い」
というジンクスがある。

38 **24**
打ち合わせに
犬も同席する
ことがある。

39 **25**
勝負スーツが
真っ赤。

40 **26**
女性社員の顔が
キラキラしている日は、
合コンがある日だ。

42 **27**
綺麗な女子社員を
ビーナスとか
女神とか言いがち。

43 **28**
「ホウ・レン・ソウ」が
「報告・連絡・葬送」だ。

46 **29**
就職氷河期が終わり
現在は就職海進期だ。

47 **30**
有価証券が
土製品だ。

48 **31**
ドングリの貯蔵庫のこと
をサーバと呼ぶ。

49 **32**
年度末よりも
秋、冬が
割と忙しい。

50 **33**
失注した企画書を
社屋の入口に埋める。

51 **34**
三内丸山に
支店を出せたら
一流。

52 **35**
マグカップが
顔面把手付きだ。

52 **36**
本社も社用車も
顔面把手付きだ。

55 **37**
湯飲みは
円筒上層式だ。

56 38
ペンディング
状態の案件の
ことは「冬眠」と呼ぶ。

57 39
日経新聞には
紙版と電子版と
土版がある。

58 40
鼻曲がり
フェイスパックが
流行りつつある。

59 41
ルーチンワークの
ことを「稲作仕事」と
呼ぶ。

60 42
山積みの書類を
「貝塚」と呼ぶ。

61 43
お目当ての書類を
探すことを
「発掘」という。

62 44
大型の
公営貝塚造成は
入札式。

65 45
「プレミアム夏至デー」が
この夏から始まった。

66 46
ウサギのキャラを
見る目が血走って
いてやばい。

67 47
泥んこで帰って
くることがある。

68 48
会議中、とつぜん
わけのわからない
思考法を提唱する。

69 49
ワガママすぎる
クライアントに
「森が怒りますよ」。

70 50
ずいぶん
先の話をする。

71 51
過去事例の
引用が古すぎる。

74 52
観葉植物として
職場に広葉樹を
植える。

76 53
観葉植物に
礼儀正しい。

77 54
企画書が
文様で描かれ
ていて読めない。

78 55
仲の良い
同僚が犬だ。

79 56
ヒスイを三内丸山で
加工することを、
B to B と言っている。

80 57
休日は
変なセーターを
着ている。

90 58
「稲作でも始めた
方がマシ」と
暴言をはく。

91 59
ハサミに
トリカブトを塗る。

92 60
サンダーボルト
ケーブルの
圧痕がある。

93 61
残業が確定したら、
キャンプを張る準備。

94 62
社員食堂の
丸テーブルが夏至の
日の入りを指している。

96 63
環状列席だ。

97 64
腕時計が
日時計だ。

98 65
中期的な目標が
派手になりがち。

99 66
ヒスイに穴を
開ける仕事は
みんな嫌がる。

100 67
午前のことを前期、
午後のことを後期と
呼ぶ。

100 68
もちろん
早朝のことは
草創期と呼ぶ。

102 69
学閥よりも
土器文化圏の
ほうを重要視する。

104 70
土器文化圏が違うと
本当の意味で理解し
合えないと思っている。

105 71
西日本のことを
どこか下に
見ている。

106 72
手みやげが
石の詰め合わせだ。

107 73
パワハラならぬ
色ハラスメントを
することがある。

108 74
それとなく自分の
好きな土器の大きさを
アピールする。

110 75
iPhoneは
現代の
黒曜石である。

112 76
石皿が
iPhone置きに
丁度いい。

81 縄文力で生き残れ
6つの習慣

145 首長
稲 耕作

113 **77** 土器と土偶はwin-winの関係だ。

114 **78** ハッキリするのは「白黒」ではなくて、「黒赤」だ。

115 **79** 法令というと山のコンプライアンスのことだ。

116 **80** プラン・実行・チェック・貝塚 PDCKサイクル。

118 **81** 宴会の余興でやるモノマネが、ずいぶん不謹慎だ。

119 **82** 悠久休暇をとる同僚がいる。

120 **83** ネクタイが土製品。

121 **84** さしいれはもちろん環状食料。

124 **84** 雑談のつもりがついつい神話をノーカットで話す。

126 **86** 記念写真はピースではなく三本指を立てる。

128 **87** ホラをふくことを大洞式と言う。

129 **88** 大事な商談は風下から近づく。

130 **89** 文書より口約束のほうを信じる。

131 **90** 腹を割って話すべき会議は火を囲む。

132 **91** ウォーターサーバーでイボキサゴを育てている。

133 **92** のり付けはアスファルトで。

134 **93** わけのわからない横文字を聞くとムラの犬の顔を思い出す。

136 **94** 使えるいい店よりも、石や土の産地のほうに詳しい。

137 **95** 本当のキャッシュレスとは我々のことだ。

138 **96** 土器様式がいろいろなように、簿記もいろいろだ。

139 **97** 株価の乱高下より、気候の乱高下が気になる。

140 **98** 愛読書が首長稲耕作だ。

141 **99** 何に使うのかよくわからんものを自慢してくる。

144 **100** 『高床式思考法』がベストセラーになり、時代は変わってしまったことを痛感する。

縄文意識高い系
ビジネスパーソンの
狩猟採集的仕事術
01

ビジネスとは、狩りである。

ビジネスとは、仕事とは、
まごうことなき狩りである。

解説:狩猟採集社会だった縄文時代。狩りは彼らの生業でした。

はじめに

縄文不足の現代の
ビジネスパーソンに、
華麗なる狩猟採集的仕事術を

現代のビジネスパーソンに不足しているのは「野菜」でも「時間」でもありません。そう、それはもちろん「縄文」です。

えっ縄文？ と、現代人のみなさんは面食らうかもしれません。なにしろ縄文時代とは、資本主義という概念も、お金という概念も、会社も給料明細もなかった時代。第一に、仕事という概念すらあったのかどうか定かではないのです。だから、そんな時代が不足しているだなんて、それこそ「It's not your business.（余計なお世話）」と感じることでしょう。

しかし、縄文時代の狩りの現場と同じように、本来ビジネスの現場とは過酷でヒリヒリとした緊張感に満ちたものだということを思い出してください。特に新規顧客の場合、得意不得意、クセや好みのわからない相手の獲得・対峙の瞬間といったら、それはまさに命のやり取り、食うか食われるか。ビジネスとは、まごうことなき「狩り」なのです。

他にも理由はあります。日本においての株式会社の歴史はまだたったの160年ほどですが、縄文時代は1万年以上同じような文化を保ち続けた世界的にみても稀有な時代です。会社は起業するより存続させるほうが難しいという話もありますが、1万年以上の存続をビジネスに置き換えたら、まさに驚異的な数字といえるでしょう。

本書は縄文不足の現代のビジネスパーソンに捧げる本です。しかし、これから紹介する100のメソッドすべてが役に立つわけではなく、相当ひいき目にみても、すぐに実践できて役に立つものは3つか4つくらいでしょうか。強引に解釈したり、メタファーとして読み解いたりすれば、10メソッドくらいは役に立つかもしれませんが……。
開き直ったように聞こえたら申し訳ないのですが、読者のみなさんにはそのことを前提として本書を読み進めていただきたいと考えています。

本書はすぐに使えるメソッドではなく、「縄文」という視点を獲得することに重きを置いています。
意識高い系ビジネスパーソンのみなさん、今、本当に高めるべきは「縄文意識」です。

相談する相手が上司ではなく森。

縄文時代、森は縄文人にとってのよき相談者であり、一番の理解者でもあった。時に厳しく、時に優しく、彼らの行うことすべてを見守り、すべての問題と疑問にヒントとアドバイスを与えてくれる存在。「森」とはまさに理想の上司なのだ。

解説：縄文文化を色濃く継承しているアイヌは、「火」や「水」という自然、「クマ」や「フクロウ」といった動物たちを、「カムイ＝神」とし、自分たちのできないことができ、自分たちに食料や毛皮を与えてくれる存在としてリスペクトしていました。そして縄文時代にも同じような考え方があったとされています。すべての生活資源を森や自然に頼っていた彼らにとって、それはとても自然なことなのです。

✚取引先やクライアントとしての意味で使われることもある（➡23ページ）

昼食は道で採集する。

縄文意識高い系
ビジネスパーソンの
狩猟採集的仕事術
03

今日のランチはコンビニ？　大戸屋？　縄文人はもちろん拾い食い。実は道にはたくさんの食べ物が落ちている。縄文的ビジネスパーソンにとって、道は「マイお弁当箱」なのだ。

解説：緑の豊かな田舎はもちろん、ビジネスの舞台でもあるオフィス街にだってたくさんの街路樹や植え込みが。たとえば銀杏、たとえばドングリ、ヨモギやタンポポだって食べようと思えば食べられます。縄文時代もちょっと小腹が空いたときにはすぐ近くの野草を食べていたかもしれませんね。

飲み口の装飾が立体的すぎるマイ・タンブラーでスタバのカフェラテを飲み、ボトボトこぼす。

循環型社会を標榜する縄文時代、マイタンブラーは必携だろう。飲み口や口縁部に、ムラに伝わるカッコいい装飾を施せば、それこそ本当の"マイ"タンブラーに。
ゴテゴテして飲みにくいって？ え？ それって重要ですか？

+例 火焰型タンブラー、加曽利式タンブラー、大木式タンブラー

土器・アイデンティティ

現代のビジネスパーソンであれば、C.I.やV.I.、B.I.なんて言葉も聞いたことがあるはず。C.I.＝コーポレート・アイデンティティ、V.I.＝ヴィジュアル・アイデンティティ、B.I.＝ブランド・アイデンティティの略で、企業のブランディング戦略として、顧客や社内で共有されているものです。

土器の装飾や文様も同じ。時代と文化圏、地域によってはっきりと特色がみられ、彼らの地元愛や各地への「オラがムラの土器様式」のアピールの場となっています。

たとえば新潟県の一部で500年間だけ使われた火焔型土器や、そこからそれほど離れていない浅間山麓を中心に使われた焼町土器。北東北の円筒土器や大木式土器。自分たちの文化圏の土器を使うことは縄文人にとってとても大切なことで、それは連帯感や仲間意識、他の文化圏へのアピールと差別化を表していました。使いやすさよりも重要なことがあったんです。これはいわばD.I.＝土器・アイデンティティと言ってもよいでしょう。

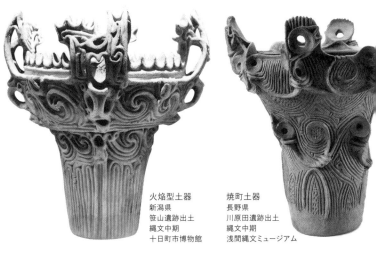

火焔型土器
新潟県
笹山遺跡出土
縄文中期
十日町市博物館

焼町土器
長野県
川原田遺跡出土
縄文中期
浅間縄文ミュージアム

15

縄文意識高い系
ビジネスパーソンの
狩猟採集的仕事術
15

好きな番組は「ワールドビジネスサテライト集落」だ。

もちろん「ワールドビジネス拠点集落」という特番も人気だ。

解説：縄文時代の社会、集落の分布は、いくつかの小規模な集落（サテライト集落）と中・大規模な拠点集落の2種類で構成されていることが多い。おりおりの祭祀や、みなで集まって何か（たとえば土器文様などの会議やワークショップ）をするときなどに拠点集落が中心となっていたのでしょう。

会議のまとめで「結局は再生のシンボルだ」と主張する。

ビジネスの現場では、なんとなく否定しづらい「決め台詞」を持つことも大切。わけのわからないことを言われたら、すかさず「再生のシンボル」で切り返せば、誰も何も言えまい。

解説：縄文時代の道具は、日常の道具（たとえばヤジリやナイフ型石器、斧や縄など）と、祈りの道具（土偶、石棒、一部の土器）に大きく分けることができます。どのように祈っていたのか答えは出ていませんが、ひとつには「再生のため」の祈りがあったと言っても過言ではないでしょう。

予算が渋そうな
クライアントの
案件は、水に晒して
渋みをとる。

なんか渋そうだなと思ったら、全部まとめて水に晒せ!

解説:そのまま食べると渋みのあるドングリのアクを取るために、縄文時代は川の近くに晒し場という穴を作って水に晒したり、灰と一緒に煮たりしていました。
+真剣10代は「晒し場」ではなく「しゃべり場」。

新人のうちは度胸をつけるため他集落へアポなし交易に行かされる。

飛び込み営業ほど精神的に厳しいタスクはない。しかしアポなし交易に比べたらそれでもまだ大したことはない。なにしろ行くのに何日もかかる集落だってあるのだ（大抵は歓迎してくれるが）。

解説：現代のように通信手段のほとんどなかった縄文時代、交易は基本的にはアポなしでした。ただし、相手側も「そろそろアポなしで来るかもな」と、勘を働かせていたかもしれません。

なんでもドングリに換算する。

縄文意識高い系
ビジネスパーソンの
狩猟採集的仕事術
09

縄文意識高い系
ビジネスパーソンの
狩猟採集的仕事術
10

しかも経理がどんぐり勘定だ。

給料のなかった時代のモノの価値

お金のなかった縄文時代。一般的なビジネスパーソンの大好きな給料なんてありませんでしたし、保守的なビジネスパーソンの大好きな貯金ももちろんできませんでした。

とかくビジネスではなんでもかんでも数字や金額に置き換えてしまいます。現代のビジネスパーソン諸氏にとっては面食らう話だとは思いますが、お金や値段というものにあまりにも頼りすぎると、時にモノの価値というものを自分で判断することができなくなってしまいます。

逆に、お金や値段というものをはずして「モノ」そのものを見つめてみると、本来モノには数字や金額に置き換えられない「価値」があるということに、気付かされるはずです。数字におきかえられることができるものって「モノ」の一面だけなんです。

そんな縄文時代にだって数の概念はあったはず。かろうじて保存がきいて、「数」があるドングリは、数を数えるのにちょうどよかったのではないかと勝手に想像します。

解説：縄文時代の主要な食料は（場所にもよりますが）ドングリやクリ、クルミなどの堅果類でした。豊富にとれ、比較的保存がきくこれらの食料は、住居の近くに貯蔵穴（ドングリピット）が掘られ、保存食として貯められていました。そうするとだいたい半年くらいはもったとか。（→48ページ）

＋下のイラストは数を表しているといわれる土偶。身体につけられた刺突文（a.k.a. 穴）が順番に1、2、3、4〜となっている。左は秋田大湯環状列石から出土の土版。右は青森三内丸山遺跡から出土の板状土偶

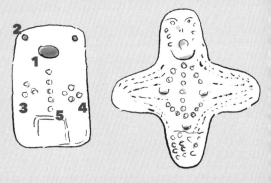

打製か磨製か大激論。

縄文意識高い系
ビジネスパーソンの
狩猟採集的仕事術
11

ビジネスパーソンたるもの、使う道具にはこだわりたいもの。特に自分で作る石器や土器ならなおさらだ。

解説：打製石器とは石を打ち砕いて作られた石器。旧石器から縄文時代にかけて使われ続け、主にヤジリやナイフなどに使われました。
磨製石器は、主に縄文時代から弥生時代にかけて使われ、石を打ち砕いてのちに他の石に擦り付け磨き上げたもの。縄文時代の石斧などは磨製石器が多い。石棒（→28ページ）も磨製石器の一種と言えます。

同僚が森に
直行直帰する。

縄文意識高い系
ビジネスパーソンの
狩猟採集的仕事術
12

唯一で無二の大口の取引先とは森のことである。朝一で直行し、そのまま夜までなんて当たり前。それは現代人でも同じだろう。リスペクトする取引先があることは悪いことじゃない。

✚森は上司の意味で使われることもある（➡12ページ）

通勤路に落とし穴を掘る。

縄文意識高い系
ビジネスパーソンの
狩猟採集的仕事術

13

狩りだ命のやり取りだと気負う必要はない。落とし穴だって立派な戦術だ。通勤時の通り道に仕掛けておけば、行き帰りに成果をチェックできて大変便利なのだ。

解説：獲物の通り道に仕掛けられる落とし穴。穴の底には杭を立て、確実にダメージを与える仕様になっているものもあります。

社内にも
落とし穴を掘る。

縄文意識高い系
ビジネスパーソンの
狩猟採集的仕事術

14

近場に落とし穴を掘ったとしてもなんの問題もない。ただ自分が落ちさえしなければ。

解説：落とし穴は何も深い森の奥に掘る必要はありません。縄文時代の落とし穴は、意外と集落のごくごく近くに掘られることが多かったとか。実際に遺跡のあったあたりで試してみると、現代でも小さめの獲物がかかったりするとか、しないとか。

縄文意識高い系
ビジネスパーソンの
狩猟採集的仕事術

15

新人研修の終盤に「抜歯」を行うと新入社員に告げる。

おめでとう、君たちもこれで我々の一員だ。

大人になるには実感が必要だ

強烈な痛みと時には命の危険さえある抜歯は、いわゆる通過儀礼のひとつとして縄文時代にさかんに行われていました。だいたい15才前後の身体が大人になったタイミングで最初の抜歯が行われ、その後も何かのタイミング（婚姻など？）で2度目、3度目の抜歯が行われていたようです。

「8020運動」がさかんな現代人から見ると、なぜこんなことをするのかという疑問しか湧かないのですが、通過儀礼とは強烈な痛みに耐えられるということの証明でもあり、さまざまな苦難を乗り越えていくという宣言でもあります。

彼らにしてみたら、「現代人って、よくそれで大人になった実感を得られるね。なんの痛みも犠牲もなしに」と逆にハテナ顔をされてしまうかもしれません。

ちなみに抜歯は日本だけの風習ではなく、世界各地の民俗事例に残っています。縄文時代の抜歯は地域や時期によってやるやらないも含めて違いがありますが、おおよそ下の図のような順番で抜いていました。特に最初に抜く犬歯は、歯の中でも一番根が深く、そのぶん痛みも大きいと言われています。

解説：しばしば縄文時代の人骨には抜歯されたものが見つかります。もっとすごい歯の加工もあって、現代のビジネスパーソンも見積もりの桁を間違えるほど驚いてしまうでしょう。

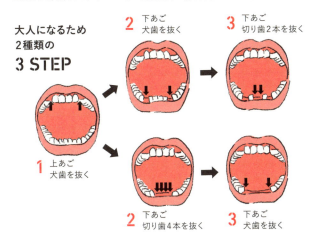

大人になるため
2種類の
3 STEP

1 上あご 犬歯を抜く

2 下あご 犬歯を抜く

3 下あご 切り歯2本を抜く

2 下あご 切り歯4本を抜く

3 下あご 犬歯を抜く

石棒はカミへの
プレゼンツール。

縄文意識高い系
ビジネスパーソンの
狩猟採集的仕事術
16

大企業がクライアント？　急成長のIT企業が事業パートナー？
そんなレベルの話じゃなくて、縄文時代に我々がプレゼンするのはもちろん森。そう、カミなのだ。

解説：石棒でカミに対して何を祈っていたのかはわかりませんが、男性器の形なわけですから、再生や生命の祈りに他ならないのではないでしょうか。

縄文意識高い系
ビジネスパーソンの
狩猟採集的仕事術
17

社内で、石棒祭祀がセクハラだと問題になる。

ビジネスの現場でだって、新しい企画や事業を立ち上げるときに祈り捧げることは、別に悪いことではない。たとえそれが巨大な男根を模した石の棒だったとしても、けっしてセクハラではない。どこかの事務次官と一緒にされては困る。

解説：縄文時代、男根はもちろん女性器も神聖なものであり、かつ身近なものでした。それを今になってセクハラなんてねぇ。

北沢大石棒、長野県

パソコンの
カーソルが
ヤジリだ。

縄文意識高い系
ビジネスパーソンの
狩猟採集的仕事術

18

獲物に気づかれないように慎重に、音もなく忍び寄り、狙いをつけて……クリック！ クリック！

解説：ヤジリとは矢の先につける主に三角形の先の尖った武器。縄文時代は黒曜石や頁岩などの石で作られました。

✚右の写真は岩手県の御所野縄文博物館。突然ですがここで縄文の博物館あるある。「ヤジリの展示、フォーメーション組みがち」。

コピー機は
再生の象徴だ。

縄文意識高い系
ビジネスパーソンの
狩猟採集的仕事術
19

コピーとは複製の意味ですが、同時に再生と読み解くこともできる。コピー機とはひどく畏れ多い機械なのだ。

再生の象徴

Ctrl＋Zは
再生への
ショートカットだ。
（macはcommand＋Z）

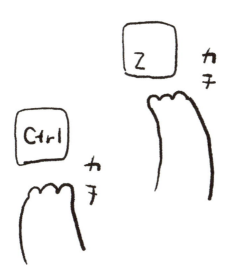

あまりにもCtrl＋Z（command＋Z）の操作に慣れすぎると、コンピューターを伴わないときに失敗したことでさえ、頭の中でCtrl＋Zを押していることがある。しかし、その失敗はすでに取り返しがつかないのだ。これもまた畏れ多い機能だ。

縄文意識高い系
ビジネスパーソンの
狩猟採集的仕事術
21

先輩のする自慢話、大型案件とは、たいていマンモスやオオツノジカのことである。

案件とは言い換えれば獲物のことである。そして自慢話はどうしても大きくなるもので、しばしば縄文時代にいもしない動物との武勇伝を描写するものなのである。

解説：マンモスやオオツノジカが存在していたのは旧石器時代の話。縄文時代にはすでに絶滅していました。ちなみに、日本においてはマンモスは北海道までしか入っておらず、本州にはナウマン象という別の象が存在していました。

先輩は
挨拶回りの帰り道、
ぽつりと動物を
ほめることがある。

普段は追う者と追われる者、しかしそこには確実に信頼とリスペクトの心が通い合っているのだ。

解説：縄文時代はさまざまな獲物を狩猟していた時代。イノシシ、シカから、ムササビにウサギ。それからトドやアザラシなどの海獣も狩猟の対象となっていました。詳しくは小林達雄さん提唱の縄文カレンダーを見てください。ググれば出てくるはず。

縄文意識高い系
ビジネスパーソンの
狩猟採集的仕事術
23

「火おこしが早い
やつは出世も早い」
というジンクスがある。

そもそも火おこしの遅いやつは生き残れないのである。

ジャック・ロンドン『火を熾す』から考える縄文時代の火おこし

ジャック・ロンドンという作家がいます。男なら誰もが憧れるような文字通り冒険的な生き方をした小説家です。彼は「ホーボー」と呼ばれ、鉄道の無賃乗車をしながらアメリカ中を放浪。また、船乗りとして世界中を渡り歩き、その頃の経験をもとに20代後半に書いた『野性の呼び声』で、一躍人気作家となりました。

そのジャック・ロンドンの作品に『火を熾す』という短編小説があります。ネタバレと言われればネタバレなのですが、ストーリーはこれ以上ないほどシンプル。──雪の中、男と犬、ちょっとした判断違いが積み重なり、火をおこすことに失敗し、雪の中で凍え、男は死んでしまう。そして犬は立ち去る──。

しかし、その雪や寒さや自然の厳しさの描写は恐ろしくも荘厳で、読むだけで凍えてくるほどの傑作小説なのです。

縄文時代、火をおこすことは食べること、作ることであり、ジャック・ロンドンが描いたように生きることでもありました。

家の中心には囲炉裏があるように、縄文時代も狩りの夜には火をおこしてビバークし、その前で夢や希望やちょっとしたホラ話なんかも披露したことでしょう。それほど火は身近で、かつ切実なものでした。

タバコに火をつけるときくらいしか火を扱わない現代のビジネスパーソンにも、いつ雪山に飛び込み営業する場面が来るかわかりません。そのときのために今から火おこしの技術を学んでおくなんてどうですか?

解説:旧石器時代の資料として礫群というものがあります。これは焼けた石のかたまりのことで、旧石器時代の人の動きをみるのに大切な資料です。というか、旧石器時代の資料って、これか石器くらいしかないわけで……、旧石器の研究者はちょっとしたマゾなんじゃないかと思うこともしばしば。

打ち合わせに
犬も同席する
ことがある。

縄文意識高い系
ビジネスパーソンの
狩猟採集的仕事術
24

犬こそ縄文人の大事なビジネスパートナーである。狩りの現場での「追い込み」、「追い出し」、「発見」、「探索」。縄文人はさまざまな役割を犬にアウトソーシングしている。

解説： 縄文時代から犬はヒトの大切なパートナーでした。特に狩りの現場では鋭い嗅覚と聴覚、機動力で、ヒト以上に活躍したことでしょう。

✚犬は同僚ともいえる（➡78ページ）

勝負スーツが
真っ赤。

縄文意識高い系
ビジネスパーソンの
狩猟採集的仕事術
25

いわゆる勝負パンツに赤が多いのも縄文時代からの伝統。ジャイアント馬場のパンツも、アントニオ猪木のタオルも、勝負に関わるものは赤に決まっているのだ!

解説：参考（➡114ページ）。

女性社員のファンデーションに雲母が混じって、顔がキラキラしている日は、合コンがある日だ。

合コンの現場での不変の法則：くすんでいるよりキラキラしているほうがモテる。

解説：右ページの土偶「縄文のビーナス」には材料である粘土に雲母片が混ぜられ、光が当たる角度によってキラキラと輝いて見えます。実際に雲母片は現代のファンデーションにも使われています。

縄文のビーナス
長野県棚畑遺跡出土
縄文中期
尖石縄文考古館

綺麗な女子社員を
ビーナスとか
女神とか言いがち。

縄文意識高い系
ビジネスパーソンの
狩猟採集的仕事術
27

職場に可愛い娘がいるだけで、悲しいかな男性社員のモチベーションが上がるのは事実。(その後何があったか著しくモチベーションを下げる者もいる)

解説：ビーナス／女神系名前の土偶：縄文のビーナス、仮面の女神、縄文の女神、チビーナス、子宝の女神ラヴィ、始祖女神像、姥ヶ沢ビーナス……、ミス馬高、ミス石之坪、「ミス」もいます。(すべて現代人の見解です)

「ホウ・レン・ソウ」が
「報告・連絡・葬送」だ。

相談？ 本当に大切な「ソウ」は葬送儀礼だ。

解説：縄文時代の葬送は一般的には土葬（火葬しないで埋める）で屈葬（手足を折りたたみ小さくなった姿勢）。まれに埋めた後にもう一度骨を掘り出し、井の字に組んでもう一度埋める、再葬儀礼なども行われていました。幼児期の子どもの埋葬については（➡50ページ）へ。

真の縄文人は別れた女と
割れた土偶の話をしない

中期中部高地の縄文人

長かった就職氷河期が終わり、現在は就職海進期だ。

そう、氷河期が終われば海進期がやって来る。そしてまた氷河期が……。

解説：氷期（氷河期）だった旧石器時代から縄文時代に移り変わる頃から徐々に暖かくなり、海面が上がり、縄文早期（約6000年前）には現在より約5メートルも海水面が高かった時代も。その時代のことを縄文海進と呼びます。

有価証券が土製品だ。

縄文意識高い系
ビジネスパーソンの
狩猟採集的仕事術
30

為替手形　　約束足形

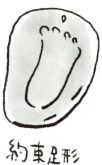

紙がないから負け惜しみで言っているんじゃないけど、紙なんてペラペラだし頼りなくない？ やっぱりずっしりと手に重さの伝わる土製品じゃないと。

解説：縄文時代の北東北、北海道では手形・足型付土製品というものが出土しています。これは主に子どもの手形や足型を写し取った粘土板を焼いたもの。

ドングリの貯蔵庫のことを
サーバと呼び、
上に載せる石のことを
石ュリティと呼んでいる。

縄文時代で唯一貯められるもの、ドングリ。ビッグデータ。

解説：通常ドングリの貯蔵庫は地面に穴を掘って作られ、考古学者はこれをドングリピット（➡21ページ）と呼んでいます。地域によって貯蔵穴は低湿地、地下水の湧くところに作られ、虫を殺したり、発芽を抑えたりしていたそう。

縄文意識高い系
ビジネスパーソンの
狩猟採集的仕事術
32

年度末よりも
秋、冬が
割と忙しい。

縄文時代の繁忙期はだいたい秋冬。秋はもちろん実りの秋、冬は動物たちが冬毛になり脂肪を蓄える季節。あー忙しい忙しい。

失注した企画書を社屋の入口に埋め、ビジネスの再生を祈ることがある。

クライアントには刺さらなかったけど、捨てるには惜しい企画というものが存在する。そんなときは縄文にならって、人通りの多い社屋の入口にその企画書を埋め、ことあるごとに思い出そう。いつか来る再生の日を祈るのだ。

解説：縄文時代、幼くして死んでしまった子どもの遺体をわざと竪穴住居の入口に甕に入れて埋葬しているケースがあります。それは幼い命を惜しみ、いつまでも忘れないようにという祈りのひとつだったのかもしれません。

縄文意識高い系
ビジネスパーソンの
狩猟採集的仕事術

34

三内丸山に支店を出せたら一流。

縄文中期のビッグシティ、三内丸山への進出には憧れる縄文人も少なくない。いつの世も若者には都会が輝いて見えるのだ。

解説：特別史跡三内丸山遺跡は青森県青森市にある、縄文時代前期中頃から中期末葉の日本最大級の縄文集落跡。膨大な量の考古資料が出土していて、特に土偶は約2000点と日本最多！ 大型竪穴式住居に並ぶ6本柱の建築物は、上部の構造はわかっていないものの、遺跡のシンボルとなっています。

ビッグシティ

マグカップが
顔面把手付きだ。

縄文意識高い系
ビジネスパーソンの
狩猟採集的仕事術

35

縄文意識高い系
ビジネスパーソンの
狩猟採集的仕事術

36

社用車も
顔面把手付き社用車だ。
もちろん本社も
顔面把手付き本社だ。

コップのフチという聖域

「OL」といって思い出すのはもちろん「コップのフチ子さん」。ガチャガチャで、目当てのポーズのフチ子さんを当てるまで小銭をつぎ込みまくってしまったビジネスパーソンも多いのではないでしょうか。

ところでみなさんは、最近フチ子さんだけではなく、さまざまなコップの「フチもの」があることをご存知でしょうか。動物やアニメキャラクター、岡本太郎の太陽の塔にディズニーやサンリオのキャラクター、さらには土偶まで……。一体なぜ人はコップのフチに何かを並べたがるのか。ナゾは深まるばかりです。

そのヒントは実は縄文時代にありました。

現代人にとっては過剰すぎる装飾が施された縄文時代の土器を見てみると、多くの土器でフチに向かって装飾がより過激に、より複雑になっているのです。そう。縄文人にとって、器の中で一番大切なのはフチだったのです。

文様が過剰になるだけでなく、縄文中期の中部高地で盛り上がった土器「勝坂式」では、しばしば土器のフチに土偶の顔が付けられ、顔面把手付き土器と呼ばれていました。これはまさに「元祖フチ子さん」にほかなりません。あの人気シリーズ「コップのフチ子さん」は縄文中期の中部高地から始まったのです。たぶん……。

解説：勝坂式土器の文様は人体や蛇やカエルをモチーフにしたものが多くあり、見るものに否応なしに「物語」を連想させます。

土偶付深鉢
長野県諏訪市 縄文中期 名古屋市博物館

顔面把手付土器
山梨県竹宇1遺跡出土 縄文中期
北杜市考古資料館

湯飲みは円筒上層式だ。

縄文意識高い系
ビジネスパーソンの
狩猟採集的仕事術
37

何でもかんでも顔面把手付きではない。

解説：円筒土器は北東北から北海道の南部で使われた土器形式。円筒下層式と円筒上層式があり、その中でもいくつかに分類することができます。前出の北東北のビッグシティ、三内丸山でよく使われていたのは円筒上層式土器。ちなみに遺跡の下層から見つかったものを下層式、上層から見つかったものを上層式と呼ぶので、下層式のほうが古いんです。

円筒土器、三内丸山遺跡、青森県

ペンディング状態の案件のことは「冬眠」と呼ぶ。

縄文意識高い系
ビジネスパーソンの
狩猟採集的仕事術

38

スヤスヤ

いつ動き出すかわからない。二度と起きない可能性だって少なくない。でもできれば起きないでほしいとみなが願っている案件もあるが、そういうものに限って突然むくりとゾンビのように起き上がり、社内をパニックに落とし入れることが多い。

日経新聞には
紙版と電子版と
土版がある。

縄文意識高い系
ビジネスパーソンの
狩猟採集的仕事術

39

日経新聞には紙版と電子版があるのはよく知られているが、実は土版だってあるのだ。詳しくはnikkei4946（ウソ）。

解説：縄文時代の土版は、平べったい土器のこと。何に使用したのかわかりませんが、しばしば土偶のような人体が表現されていたり顔らしきものが施されたりした土版も出土します。最大でもXperiaくらいの大きさ。

女性社員の中で、鼻曲がりフェイスパックが流行りつつある。

縄文意識高い系
ビジネスパーソンの
狩猟採集的仕事術

肌を綺麗にするために必要なのはヒアルロン酸だけにあらず。「鼻曲がりフェイスパック」は「水分」だけでなく「祈り」も込められるフェイスパック。どちらも欲張りたいのが女心というものだ。

解説：土面は何かの儀礼のときにシャーマンがかぶったと考えられています。全国で100点ほど見つかっていますが、その中に5点だけ鼻の曲がった土面が。シャーマンのトランス状態を表している説や悪霊を表した説があります。

縄文意識高い系
ビジネスパーソンの
狩猟採集的仕事術
41

単調な
ルーチンワークの
ことを「稲作仕事」と呼ぶ。

稲作仕事だって大切な仕事なのは間違いない。人によってはクリエイティブに行われる場合もあるだろう。本書ではあくまでも比喩的な表現として使っている。

解説：新しい文化や、自分たちの理解を超えたもののことはなんとなく揶揄したくなるものです。たとえいつかは受け入れてしまうとしても。

山積みの書類を「貝塚」と呼ぶ。

縄文意識高い系
ビジネスパーソンの
狩猟採集的仕事術
42

貝塚はヒトの地層だ。生活の地層といってもよい。仕事の地層でもある書類の山は、やはり広義の意味で貝塚のひとつに分類されるだろう。

解説：貝塚とは先史時代の人々が食べたあとの貝殻を投棄し積み重なった場所。日本には約2,700ヶ所の貝塚があるといわれ、そのうち約1,500ヶ所が関東地方に存在するとされています。

縄文意識高い系
ビジネスパーソンの
狩猟採集的仕事術

43

山積みの書類の中からお目当ての書類を探すことを「発掘」という。

一見、どこに何が埋まっているのかわからない貝塚a.k.a.書類の山。しかし、大まかな時系列さえわかっていれば、本人にだけはどのあたりを探せばいいのか勘が働くのだ。

解説：貝塚から見つかるのは、貝殻だけではありません。土器、土偶、石棒、骨角器、石器、灰、人骨、動物、魚類、植物遺体などなど、あらゆるものが埋まっています。

大型の
公営貝塚造成は
入札式。

縄文意識高い系
ビジネスパーソンの
狩猟採集的仕事術

貝塚とはひとつの事業であり、育てば誇らしく巨大なモニュメントにもなるのだ。

解説：基本的に貝塚は高台にある集落の斜面に作られていることが多いもの。キレイな環状になっていたり、貝塚の底部に立派な鹿の角と土器が置かれていたりするケースがあることから考えると、そこには何かしらの計画性が感じられますよね。

千葉市内の主な貝塚の貝層の大きさ

千葉市立加曽利貝塚博物館

長作築地貝塚

見川・汐田川

犢橋貝塚

園生貝塚

東寺山貝塚

廿五里北貝塚

草刈場貝塚

花輪貝塚

多部田貝塚

誉田高田貝塚

加曽利貝塚

都川

荒屋敷貝塚

月の木貝塚

菱名貝塚

築地台貝塚

都川・仁戸名谷

上赤塚貝塚

木戸作貝塚

六通貝塚

有吉北貝塚

有吉南貝塚

小金沢貝塚

大膳野南貝塚

村田川

63

「プレミアム夏至デー」が この夏から始まった。

そもそも夏至はプレミアムなのだ。「プレミアム冬至デー」もただいま検討中。

解説：縄文人はあきらかに夏至や冬至を意識して生活していました。それはストーンサークルの配置などからも読み解けます（➡94ページ）。ということは、1年というサイクルをかなり正確に把握していたことがわかります。

ウサギのキャラを見る目が血走っていてやばい。

縄文意識高い系
ビジネスパーソンの
狩猟採集的仕事術
46

くまモンだって獲物である。

解説：現代社会では縄文時代によく狩られていた獲物を模したキャラクターが大量に存在しています。有名なあのキャラや流行りのゆるキャラはもちろん、商品のパッケージや企業のロゴにだって獲物たちは顔を出します。そんな見知った顔のキャラクターを持つ各社には、狩りのつもりで営業してみてはいかがでしょうか。

市場調査に出たはずなのに、泥んこで帰ってくることがある。

縄文意識高い系
ビジネスパーソンの
狩猟採集的仕事術
47

いくら少年の心を忘れていない縄文人とはいえ、泥んこ遊びに興ずるほど子どもではない。縄文時代の泥はれっきとした資源なのだ。

解説：土器に土偶、耳飾りや様々な土製品。それらを下支えする原材料としての土にだって、縄文人はしっかりこだわっていました。土探しだってれっきとした市場調査なのです。

会議中、とつぜん わけのわからない 思考法を提唱する。

縄文意識高い系 ビジネスパーソンの 狩猟採集的仕事術 **48**

どんな思考法でどんな理論があるのかはわからないが、なんとなく非効率な感じがするのは人徳だろうか。

解説：もちろんそんな思考法はありません。

縄文意識高い系
ビジネスパーソンの
狩猟採集的仕事術

ワガママすぎる
クライアントに
対しての決めゼリフは
「森が怒りますよ」。

人がワガママを言うのは、相手よりも自分の立場が強いと思っているときだけだ。そんなクライアントに縄文社会のバックボーンとして「森」をアピールするのは、決して悪いことじゃない。そのスケールの大きさに思わずだれもが襟を正すことだろう。

解説：森や自然の中で暮らす縄文人。別の森に住む他集落の縄文人に対して、自分たちの暮らす森を自慢していたかもしれませんね。

ずいぶん先の話をする。

縄文意識高い系
ビジネスパーソンの
狩猟採集的仕事術
50

来週？来月？ 真の縄文人はそんな近々の話はしないのだ。

解説： 草創期から数えて縄文時代は1万2000〜3000年の長さがあります。その間に土器の様式はいくつも変わっていきましたが、運用された期間がそれほど長くないとされる火焔型土器でさえ500年間も使われていました。江戸時代が300年で「長い」と言われるのがピンとこない縄文人も多いはずです。

過去事例の引用が古すぎる。

縄文意識高い系
ビジネスパーソンの
狩猟採集的仕事術
51

このアイデアは中期の加曽利で一度実用化されてます

加曽利貝塚出土の異形台付土器。何に使われていたかわからない。

ビジネスは未来ではなく過去から学ぶもの。その過去の範囲が広ければ広いほど学ぶものが多いということは、誰もが納得する事実だろう。縄文人の思考は数千年を遡る。

解説：1万年以上同じような文化を持ち続けた縄文人。ヒトの言葉での伝達能力は、本やあらゆる記録媒体よりも正確で古くもならないのです。

ビジネスとは生活そのもの

現在では働くことと日々の生活がはっきりと切り離され、まるでスイッチがあるかのようにパチリと「オン／オフ」が切り替えられています。では縄文時代の労働とはいったいどんなものだったのでしょう。

食料を手に入れるために狩りに行く。家を作るために木を切る。木を切るために必要な石斧を作る。石斧を作るために必要な石器の材料を探す。必要なものを手に入れるために交易をする。子どもを育てる。土器を作る。作った土器で食事を作る。肺炎をこじらせて息を引き取った老人を埋葬し、カミに送る……。そうです。縄文時代の労働とは、「生活すること」でした。

もちろん縄文時代はお金という概念のない時代ですし、現在は個々人の専門性が確立され、社会は複雑です。ただ、そういうことを全部取っ払って、突き詰めて考えてみれば、実はビジネスとは生活そのものなのです。

縄文と弥生の狭間に、
完璧な縄文人も弥生人も
存在しない。

晩期北東北の縄文人

縄文意識高い系
ビジネスパーソンの
狩猟採集的仕事術
52

観葉植物として職場に広葉樹を植える。

植物には空気をきれいにしたり、リラックスさせてくれたりする効果もあり、観葉植物はオフィスの「潤い」としてもはや必須のインテリアだろう。しかし、観葉植物といっても色々種類がある。何を置くか悩んだときにおすすめなのが、縄文時代から我々日本のビジネスパーソンにとって身近な落葉広葉樹だ。どこの馬の骨かもわからないモンステラやらベンジャミンやらよりも、オフィスにどーんとトチ・ナラ・クリの木を置いてはどうだろう。

解説:クリの木は木材としても固く水に強いので、竪穴式住居の柱としても使われています。

観葉植物に
礼儀正しい。

縄文意識高い系
ビジネスパーソンの
狩猟採集的仕事術
53

真の縄文意識高い系ジェントルマンはコンビニ店員と観葉植物に
礼儀正しいのだ。

解説：言うまでもなく、森や自然はよき上司でもあり仲間でもあり、クライアントやサプライヤーでもあります（➡12,23ページ）。それはもちろん観葉植物も同じこと。規模は小さくても"自然"には敬意を払うべきなのです。

企画書が
文様で描かれ
ていて読めない。

縄文意識高い系
ビジネスパーソンの
狩猟採集的仕事術
54

縄文時代は剣よりもペンよりも言葉。さらにオフィシャルなのが文様だ。

解説：縄文土器の文様は単なるデザインではなく、そこに何らかのメッセージが込められているのは間違いないでしょう。もちろんどんなメッセージなのかは現代では知る由もありませんが……。

仲の良い
同僚が犬だ。

縄文意識高い系
ビジネスパーソンの
狩猟採集的仕事術
55

仕事はもちろん、仕事を離れても、付き合いたい同僚が犬であってもいいだろう。

解説：縄文時代の貝塚には犬も埋葬されているケースがしばしばある。埋葬されているということは縄文人は犬に対しても仲間意識を持っていたのだろう。

✚犬はビジネスパートナーともいえる（➡38ページ）

新潟のヒスイを青森の三内丸山で加工することを、BtoBと言っている。

縄文意識高い系
ビジネスパーソンの
狩猟採集的仕事術
56

縄文時代、拠点集落間での交易はかなり活発だった。まるで今のBusiness to Businessのやり取りのように。

解説：新潟の糸魚川周辺でしか採れない石、ヒスイ。その原石が600キロ離れた三内丸山遺跡でも発見されています。ビッグシティ三内丸山ではヒスイだけでなく、北海道の黒曜石や岩手のコハクの原石、秋田のアスファルトなども見つかっていて、三内丸山内で加工されペンダントなどの製品になっていたようです。

休日は
変なセーターを
着ている。

縄文意識高い系
ビジネスパーソンの
狩猟採集的仕事術
57

狩猟採集的ビジネス戦士には休息が必要だ。スーツという鎧を脱ぎ、カジュアルなセーターでリラックス。

解説：セーターの柄は加曽利E式。本当のリラックスのためには、地元の安心感を。地元の土器の文様をうまくあしらって。
✚派手で著名な勝坂式セーターはかつてビートたけしが着ていた（ような気がする）。

縄文力で生き残れ

縄文意識高い系ビジネスパーソンの

6つの習慣

縄文ZINE
Books

1の習慣

日が暮れたら寝ることを優先する。

この本を読んでいる自分の姿を客観的に見つめてみよう。夜遅くまで仕事をして、朝方家に帰り、翌朝、いや翌昼に出社するか寝ぼけた頭で朝一の会議に出席する——。それなりに充実感はあるだろう。しかし、これは良い習慣とはいえない。

最も大切な縄文習慣とは、太陽のリズムに合わせることである。習慣とは日々のリズムであり、日々のリズムとは突きつめると朝昼夜でしかない。人が一番高いパフォーマンスを発揮でき、かつ持続可能な習慣とはこれ以上のことはないのだ。同時にこの習慣には、「日が出たら起きる」という習慣も含まれているために、忙しいビジネスパーソンにとっては一番身につけるのが難しい習慣だ。ぜひ頑張ってほしい。太陽のリズムこそ第一に優先すべきリズムなのだ。別名「早寝早起き」。

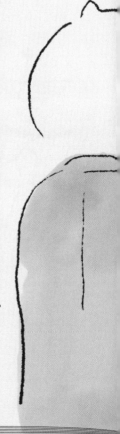

お腹いっぱいに
ご飯を食べる。

この習慣では「行動」と「目的」について考えてみたいと思う。いくつか例をあげてみよう。

● 狩りをする―獲物を獲る―ご飯を食べる
● 石を拾う―石器を作る―ヤジリとして狩りで使う―獲物を獲る―ご飯を食べる
● 土器を作る―鍋として使う―ご飯を食べる
● カミに祈りを捧げる―祈りが通じ獲物が獲れる―ご飯を食べる

このように、すべての行動は「ご飯を食べる」という目的に向かっていることがわかるだろう。これは現代でも同じこと。常に目的をはっきりとさせて行動すれば、必ずお腹いっぱいになれるだろう。

2の習慣

縄文的に
win-winを考える。

私たちが森に住む獲物を捕ったら、森は損をするだろうか。私たちが森に生える栗の木から栗を採ったら、森の負けだろうか。答えはNO。この本と違って大変役に立つ世界的なビジネス書、『7つの習慣』では、人間関係には6つのパラダイム※があると定義付けていて、現在の相互依存の関係性の上では長期的には両方が勝たないと結果的に両方の負けになり、現実的にwin-win以外の方法はないと説いている。縄文時代のような超長期型持続社会はこの見本のようなもの。森とヒトと動物たちは、自然とwin-winの関係性を作り上げていたのだ。

3の習慣

※6つのパラダイムとはwin-winのように双方がほしい結果を得る関係やwin-loseのように片方だけが勝利する関係など、人間関係の分類のこと。

ムラの誰よりも
大きなホラをふく。

動物にできない「ヒトにしかできないこと」のひとつ、それが「ホラ」である。すなわち、大きなホラがふけることこそがヒトの証明なのだ。
ホラをふく習慣はあなたとあなたの周囲に劇的な変化を起こす。ホラはホラを生み、ホラの相乗効果でホラは巨大化していく。いかに大きなホラをふけるか、いかに皆を楽しませるホラをふけるかはヒトの器の大きさに比例し、それができれば社内外の尊敬を集めることができるだろう。
ホラとは想像力であり、ビジネスの現場では「大きなビジョン」を描く才能にも変わるもの。ホラとは未来の予測でもあるのだ。

4の習慣

5の習慣

弥生を考える。

まだ年若い息子が父親にこう言った。「お父さんと僕、ずっとこのままがいいね」。一見父親としてはこんなうれしい言葉はないかもしれない。だが、そんなとき、父親は息子に何と言えばいいだろうか。

縄文時代がいくら超長期型持続社会といっても、必ず変化は訪れる。いつか終わりが来るということは考えておかなければならない。そして、この父親と息子の場合は、息子の成長と父親の老化という変化が必ず待っている。いつしか家族の主役は息子となり、またいつかは息子の息子が主役になるという新しいフェーズを迎える。もう一度言おう「変化は必ず訪れる」のだ。

弥生時代になって縄文は日本列島の主役から一歩身を引いた。それは仕方のないことだ。しかし、一気に文化が入れ替わったわけではない。地域によりその濃度は違えど、しばらく、いや、いま現在も縄文の魂は生きているのだ。

歯を磨く。

最後に、習慣といえばこれ、という習慣を考えてみよう。加藤茶名誉縄文人は今から30〜40年ほど前の毎週土曜の夜、「歯磨けよ」とお茶の間の縄文人たちに向けて歯磨き習慣の大切さを説いていた[※]。

縄文時代は随分歯を酷使していたため、歯の大切さはわかっていただろうが、歯を磨くとは「刃を磨く」ということにもつながる。エイブラハム・リンカーンは言った。「もし、木を切り倒すのに6時間与えられたら、私は最初の4時間を斧を研ぐのに費やすだろう」。このように毎日の歯磨きは来たるべき勝負のときの準備の習慣なのだ。

読者諸氏、寝る前に歯磨けよ! 風呂入れよ!

※1985年まで毎週土曜日に放送されていた『8時だョ!全員集合』のこと。後年、加藤の「歯磨けよ」はスポンサーのライオンに配慮したものと発覚。

6の習慣

縄文力で生き残れ

6つの習慣

★★★★★

驚異の満足度

各時代から
絶賛の声、
続々と。

時代は違えど、興味深い習慣ばかり。シティガールの私にもできた。同僚にも勧めたいと思いました。

平安京、侍女・平安時代

友人の明智くんに勧められて読んだのですが、知らず知らずのうちに実践していました。もしかしたら僕って縄文？

尾張、男性・戦国時代

思わず膝を打ちました。

北海道、男性・旧石器時代

大きな噴火で故郷から随分遠くに。この本を読んでもう一度頑張ろうと思いました。私のバイブルです。

九州出身、女性・縄文時代早期

自分に自信が持てました。もう一度土偶を作ってみようと思いました。

東北、女性・縄文時代晩期

6つの習慣は銅鐸に刻み、後世に残したいくらいに大切な習慣です。

中部地方、男性・弥生時代

唐に向かう船で読みました。絶対に真言密教を持ち帰ろうと勇気が湧きました。

平城京、男性・平安時代

籠城中、娯楽が少ない中でこの本に救われました。いっぱい笑って、いっぱい泣きました。縄文時代って最高！

大阪城、男性・戦国時代

この本を読んで脱藩を決意しました。縄文の夜明けはちかいぜよ！

高知、男性・幕末

ごめんなさい、読むまでは自分には関係ないと思っていました。今は胸の高まりが止まりません。

佐賀、女性・弥生時代

88

縄文意識高い系
ビジネスパーソンの
華　麗　な　る
狩猟採集的仕事術

58 - 100

会議が煮詰まると、「稲作でも始めた方がマシ」と暴言をはく。

縄文意識高い系
ビジネスパーソンの
狩猟採集的仕事術
58

煮詰まった会議では、しばしば誰かの暴言がブレイクスルーのきっかけになる。

解説：水稲作を始めたら弥生時代と言っても間違いではありません。ですが、ことはそんなに単純ではなく、農業の他に階級社会の成立を条件に加える説や、祭祀面での変化を重要視する場合も。実際、東北では稲作をしていても土偶祭祀をやめていなかったり、弥生と縄文の区切れ目はひどく曖昧なのです。

ハサミに
トリカブトを塗る。

縄文意識高い系
ビジネスパーソンの
狩猟採集的仕事術
59

シュレッダー？ そんなものはいらない。書類だって一発で仕留めるのが縄文的やり方だ。

解説：アイヌ民族はトリカブト使いの達人でした。集団ごとに独特の配合法を持ち、弓矢に塗って獲物を一発で仕留めていました。縄文時代でももちろんトリカブトは自生していて、その毒については知られていたはずですが……。毒矢を使っていた可能性は高いものの証拠はまだありません。

土器の底部に
サンダーボルト
ケーブルの
圧痕がある。

縄文意識高い系
ビジネスパーソンの
狩猟採集的仕事術
60

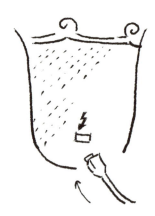

もし現代に縄文土器があれば、サンダーボルトケーブルでネットにつなぎ、IoTでイノベーションをおこす。

解説：ここ何年かの考古学業界では「圧痕」に大きな注目が集まっています。圧痕とは焼成前の土器に混入した植物の種子や昆虫などの痕跡にシリコンを流し込み分析する研究のことで、これによって当時の植生などがかなり詳しくわかるようになりました。たとえば大豆やアズキなどは従来考えられているよりも、かなり早く日本列島に現れていたことなどもこの研究によって明らかになりました。

残業が確定したら、とりあえず火を焚いてキャンプを張る準備をする。

縄文意識高い系
ビジネスパーソンの
狩猟採集的仕事術
61

誰もいない夜の会社は昼とは違った顔を見せるのだ。

解説:他集落への交易や、狩りの夜、何はなくとも火は縄文人の必需品。夜の冷え込みで凍えないように、食べ物を焼いたり、夢を語り合ったり。

縄文意識高い系
ビジネスパーソンの
狩猟採集的仕事術
62

社内にカフェテリアタイプの
社員食堂ができたら、
丸テーブルと丸テーブルを
つないだ延長線が
夏至の日の入りを指している。

環状列石という土木工事

環状列石 (ストーンサークル) といえばイギリスのストーンヘンジが有名ですが、あれほどの派手さはないにせよ、縄文時代でも後期の北東北、それも秋田県で環状列石は盛んに作られていました。特筆すべきは環状列石を作るために、あの縄文人たちが、大規模な土木工事のようなことをしていた点。しかもかなり計画的に。まず、土地を平らにするために斜面に土を盛ったり削ったり、さらに石を配置する部分には盛り土をしたり、石だって何キロも離れている場所から運んできたり。こんなことを縄文人がどんな思いでやっていたのかはわかりませんが、そのくらいのことをする価値があったのでしょう。

環状列石の役割は今でもはっきりとはしていませんが、秋田県の大湯環状列石の2つの環状列石の中心を結ぶと、夏至の日没方向を指します。このことから、天体観測や、夏至という特別な1日を「プレミアム夏至デー(➡65ページ)」として祈るための装置だという説も。ランドマークとなる山などが見えるところに作られることが多かったことを考えると、山a.k.a.自分たちを取りまく自然への祈りなど、彼らにとって大きな意味があったのでしょう。

縄文土器などの非効率な形状を見て、勝手に縄文人のことを非合理人間集団だと思っている現代人のみなさん、むしろ現代のビジネスの現場のほうが「意味あんのかな」と、疑問がよぎるタスクに無益に時間を費やしていませんか?

環状列席だ。

縄文意識高い系
ビジネスパーソンの
狩猟採集的仕事術

63

腕時計が
日時計だ。

縄文意識高い系
ビジネスパーソンの
狩猟採集的仕事術
64

文字盤？ デジタル？ クロノグラフ？ オススメはもちろん日時計タイプだ。なにしろリュウズを巻く必要も電池を交換する必要もない。機械トラブルもゼロ。

解説：日時計状組石とは中央に背の高い石を配置した配石遺構のこと。本当に日時計として使われていたかはわかりませんが、前出（➡95ページ）の大湯環状列石にはストーンサークルに伴っていくつも作られています。

中期的な目標が
派手になりがち。

縄文意識高い系
ビジネスパーソンの
狩猟採集的仕事術
65

映画や小説、さまざまな物語。よっぽどのことがなければクライマックスはラスト付近だ。しかし、縄文時代の一番派手な時期は意外にも中期。考えてみればビジネスの現場だって、「山場」はラストにあるわけではない。

解説：時期と場所によってその様相にかなりの違いがある縄文時代。人口が一番多かったと言われているのは今から約5000年前の縄文中期です。土器文様についても中期の中央高地の縄文人の派手好きには定評があります。
✚イラストは水煙渦巻文深鉢、井戸尻考古館で見られる。

ヒスイに穴を
開ける仕事は
みんな嫌がる。

縄文意識高い系
ビジネスパーソンの
狩猟採集的仕事術

コツコツやるのが比較的得意な縄文人ですらヒスイに穴を開ける作業だけは……、しかし誰かがやらなければならないのだ。

解説：縄文時代のヒスイはたいへん貴重な石で、限られた人しか持つことができませんでした。そんな貴重な石には紐を通すため穴が穿たれているのですが、その穴を開ける作業は細い竹の先端に水、砂を付け、長時間回す、「管錐技法」だったのではと言われています。恐ろしいほどの根気が必要で、しかも失敗は許されないときたら、絶対に遠慮したいタスクですよね。

午前のことを前期と呼び、午後のことを後期と呼ぶ。
（ランチタイムは中期）

もちろん早朝のことは草創期と呼ぶ。

使う言葉へのこだわりが一流のビジネスパーソンを作るのだ。

解説：草創期（1万5000年前〜1万2000年前）、早期（1万2000年前〜7000年前）、前期（7000年前〜5500年前）、中期（5500年前〜4500年前）、後期（4500年前〜3300年前）、晩期（3300年前〜2800年前）、がざっくりとした縄文時代の時代区分（諸説あり）。ちなみに草創期、早期、前期のようにややこしい名称が存在する理由は、単純に前期、中期、後期以外は後から付け足された区分だからです。

学閥よりも
土器文化圏の
ほうを重要視する。

大きな会社になればなるほど学閥は存在する。同じ大学という共通項が共感と結束を強めるのだろう。しかし、大学生活はたったの4年、縄文時代の土器文化圏は数千年。本当の共感と結束を得られるのは土器文化圏に決まっているだろう。

土器文化圏は生きている

日本にはもともと土器文化圏という地域性がありました。もちろん縄文時代の話ですが……。出土する土器に明らかな地域性が存在することからそういわれ、区分されています。もちろん各時代でその境界線は融合したり、細分化したり、土器文化圏も色々ではありますが、縄文時代を通してもそれほどの変化はなかったのではないかといわれています。

縄文時代の話でしょ？ と思われるかもしれませんが、下の土器文化圏の地図を見てください。土器文化圏の地域性と現在の地域性、決して無関係ではないように思えませんか。
フリーペーパー『縄文ZINE』の誌上では、その土器文化圏と、カップ焼そばの文化圏を対比し、その奇妙な一致を現在に残る土器文化圏ではないかと仮説を立て（証明してはいない）ました。これは決して荒唐無稽な説ではありません。縄文時代の1万年という時間に醸成された文化のカタマリは、そう簡単にはなくならず、今の日本の地域性のベースになっているのではないでしょうか。

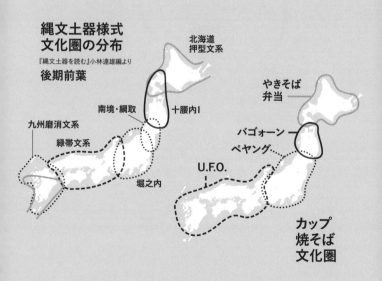

土器文化圏が違うと、本当の意味で理解し合えないと思っている。

同じ土器文化圏同士で結束するのはもちろんだが、弊害として違う文化圏の連中とはどうしても距離が生まれてしまうのでよそよそしい。

解説：違う文化圏といっても、争った形跡などはなく、交易などでモノは流通していることからみても、比較的関係は良好だったようです。

西日本のことを
どこか下に
見ている。

西は縄文不毛の地。そう思われても仕方がない。

解説：縄文時代の中心地は東日本でした。西日本に縄文文化がなかったとは言いませんが、人もあまり住んでおらず、出土するものも質・量ともに、東日本とはかなりの差が。その理由には諸説ありますが、やはり照葉樹林の西日本に比べ、落葉広葉樹林の森だった東日本ではクリやクルミ、ドングリを採集できたということが大きかったのでしょう。

手みやげが石の詰め合わせだ。

縄文意識高い系
ビジネスパーソンの
狩猟採集的仕事術
72

会社が違えば社風だって違う。そして採取できる石材の違いだってあるのだ。自社をわかってもらうためには地元の石を持っていくのもひとつの手だ。

解説：縄文人は石の産地についてかなり詳しい情報を持っていたようです。その知識は旧石器時代から連綿と伝わり続けていました。

パワハラならぬ色ハラスメントをすることがある。

土器の文様や土偶などの祈りの道具に意味があるように、色にも意味があるのだ。

解説：縄文時代には、いくつか重要な色がありました。――赤は血の色、または生命の色として、土器や土偶はしばしば赤く塗られました。死者に赤い染料をまき、埋葬した例もあります。白は骨の色。獣の骨は焼かれ、細かく砕かれ住居の周りに散布されました。緑は……どんな意味があったのでしょうか。ヒスイのような他の石材にない白と緑の色合いの石が、産地が限られているにもかかわらず広範囲に流通し加工されていたことを考えれば、緑という色は彼らにとって重要な色だったと想像できます。

インタビューに答えるとき、それとなく自分の好きな土器の大きさをアピールする。

iPhoneは
現代の
黒曜石である。

現代ビジネスパーソン必携の道具といえばスマホ。特に意識の高いビジネスパーソンは当然のようにiPhoneの黒を選ぶのだが……。これは縄文時代でいえば黒曜石。いつの時代も光沢のある深い黒には心惹かれるものなのだ。

解説：黒曜石とは火山岩の一種で、黒く透き通ったガラス質の石。日本でもいくつかの産地があり、縄文時代の前の時代、旧石器時代から産地は探索され続け、使われ続けていました。

＋iPhone＝『2001年宇宙の旅』のモノリス説もある。

stay hungry, stay foolish

といっても縄文人のキャッチフレーズではありません。アップルの創業者であるスティーブ・ジョブスがスタンフォード大学の卒業式で学生に送った言葉です（元々はスチュアート・ブランド『WHOLE EARTH CATALOG（全地球カタログ）』の裏表紙に書かれていた言葉）。もちろん彼自身の行動指針となっている言葉なのは言うまでもなく、この感動的なスピーチは今や伝説のようになっていて、これからビジネスの世界に飛び込む若者から世界中のクリエイターにまで影響を与えまくっています。

実際の彼自身のパーソナリティは、映画『スティーブ・ジョブス』（ダニー・ボイル版）を見るとよくわかります。気分屋で、ワガママで、独善的で、周囲に当たり散らし、あきらかな自分の娘を娘と認知しない。最低の男としかいいようがないのですが……、最低と最高が一人の人間の中に同居することは決してめずらしくはないのです。

ジョブスの、アップルの開発する製品にはどれも一言でいうと「徹底的に洗練されたデザインと使い勝手」があります。そしてその現時点での最高到達点でもあるiPhoneが、あの黒曜石に近づいていっているのは偶然ではありません。

シンプルで誰でも使えて持ちたくなる――最新のツールが最古のツールである石器に似た見た目をしているのは偶然ではないのです。

石皿が
iPhone置きに
丁度いい。

縄文意識高い系
ビジネスパーソンの
狩猟採集的仕事術
76

ほとんど石器に近い形状と質感のiPhoneが石皿にしっくりくるのは当たり前なのだ。御社との取引でもこのような関係が構築できるよう弊社としては努力するつもりだ。

解説：石皿とはどんぐりを粉にしたり、すりつぶしたりする縄文時代の調理器具。くぼみがたくさんある石皿をくぼみ石と呼び、その用途は調理の他に火を起こすために使われました。

土器と土偶は
win-winの
関係だ。

縄文意識高い系
ビジネスパーソンの
狩猟採集的仕事術

土器がうれしければ土偶もうれしい。土器と土偶は決して切り離せないそんな関係。御社との取引でもこのような関係が構築できるよう弊社としては努力するつもりだ。

解説：win-winとはもともとビジネス書『7つの習慣』で著者のスティーブン・R・コヴィーが世に広めた言葉。同じ文様を持つことの多い土器と土偶は相反するものではなく根底に同じ哲学を持っているのです（➡84ページ）。

ハッキリするのは「白黒」ではなくて、「黒赤」だ。

テーマカラーは黒と赤である。今でいうコーポレートカラーのようなものだ。

解説：縄文時代に重要な色があったのは先に述べた（→107ページ）通りですが、黒もまた重要な色でした。縄文時代晩期の大洞式土器のいくつかは土器を焼くときに黒く焼きあがるように特殊な技法が使われています。黒曜石があれほど重要視されたのもその有用性に加えて色も重要だったのかもしれません。

＋類例 ミッキーマウスもテーマカラーが黒と赤だ。

縄文意識高い系
ビジネスパーソンの
狩猟採集的仕事術
79

コンプライアンス、法令というと山のコンプライアンスのことだ。

現在はコンプライアンス、コンプライアンスとなかなかうるさい時代。しかし本当に守るべきコンプライアンスとは山のコンプライアンスだ!

解説:山のコンプライアンスとは簡単に言うとしたら「自然の掟」。自然は常にわれわれを見ているし、山のコンプライアンスに背いて良いことなどないのです。

＋類例 海のサチモス、山のサチモス

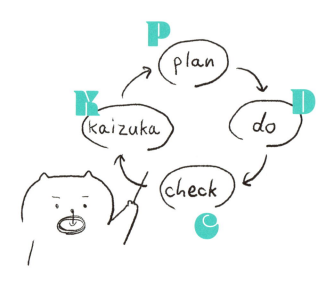

プラン・実行・チェック・貝塚 PDCAサイクルならぬ PDCKサイクルを 新卒に教える。

きちんとした環（サイクル）にしたいのであればAではなくK。

悩みなんて全部まとめて貝塚にポイ

貝塚は縄文時代のゴミ捨て場である。それで間違いではないし、これが中学生のテストであれば「正解」として丸がつくはずです。しかし、そのくらいの縄文意識であれば、むしろ「弥生」と名乗っていただきたいくらいなのですが……。

まずそのことを考えるのには縄文時代に「ゴミ」があったのかどうかを考えなければならないでしょう。「ゴミ」という概念の話です。今では当たり前の概念である「ゴミ」。辞書をひいてみると、使われなくなったもの、使い終わったもの、価値のないもの、汚いもの……、概ねひどい言葉がならんでいます。縄文時代の貝塚からみつかる貝、動物の骨、石器の削りカス、などはそれに当てはまるかもしれません。しかし同じように貝塚から見つかる埋葬された人骨や犬の骨、不思議な形をした土器や土偶、随分立派な鹿の角。これらは使い終わったもの、価値のないものなのでしょうか。価値のないもの —— 仲間の死をそんな風に思えるものでしょうか。

縄文時代はすべてのモノは、森からやってきてまた森に環っていくという循環の考え方を持っていました。そう考えたときに本当の「正解」が見えてきます。

縄文時代のすべてのモノのサイクルはこのようになります。森から生まれて（作られて）—— 生きて（使われて）—— 死んで（使い終わって）—— 森に送られて —— また生まれて……。

その森に送るための送り場としての装置、次の循環の環とつなげるのが貝塚です。貝塚はただのゴミ捨て場ではないのです。

手前味噌ですが『縄文人に相談だ』（➡159ページ）という本があります。「悩みなんて全部まとめて貝塚にポイ」はその本の帯に書かれている言葉ですが、実は悩みだってゴミではないのです。

解説：現代ではP（Plan）− D（Do）− C（Check）− A（Act）のサイクルの事。しかしこれではしっかりとした環とはいえません。次に進むためのステップには「貝塚」が必要なのです。

宴会の余興で
やるモノマネが、
ずいぶん不謹慎だ。

縄文意識高い系
ビジネスパーソンの
狩猟採集的仕事術
81

簡単でスベリ知らず、不謹慎であればあるほど盛り上がったりするのだ。

解説：弥生以降になると手足を伸ばして埋葬され始めるのですが、縄文時代の埋葬された人骨はたいてい膝を抱え小さくなって埋葬されています。これを屈葬と言い、生まれる前の母の子宮の中の胎児のような姿勢を表していると言われています。この姿勢もやはり循環を表しているのです。

悠久休暇をとる同僚がいる。

縄文意識高い系
ビジネスパーソンの
狩猟採集的仕事術
82

有給休暇ではなく悠久休暇。現代のビジネスパーソン、とくにサラリーマンは休暇をとらないことで有名だ。もちろん休暇は必要だが、1日、2日の有給休暇より、終わりのない時間をたゆたう小舟のように悠久に休暇を楽しみたいものだ。

解説：1万年という時間は悠久と呼ぶのにふさわしい時間でしょう。

ネクタイが土製品。

スーツには正しいネクタイを。布製も悪くないが、シワにならず型くずれしない土製品のネクタイも一本は持っておきたい。

解説：縄文時代にネクタイの土製品はありませんが、唇や鼻、耳の土製品は見つかっています。シワにならず型くずれしない。いざという時にためにポケットにこっそり忍ばせておきたいものです。

顔のパーツの土製品

さしいれは もちろん 環状食料。

縄文意識高い系 ビジネスパーソンの 狩猟採集的仕事術 84

環状食料とはもちろんドーナツのこと。縄文人ならその形状にシンパシーを感じるはずだ。

解説：縄文社会には驚くほど"環"の考え方が浸透しています。もちろんすべての縄文社会に当てはまるわけではありませんが、竪穴式住居の構造、住居が環になるように配置される環状集落、しばしば環状に作られる貝塚、環状の盛り土に環や渦巻きをモチーフにした土器文様。森から森へ還っていくあらゆるものの死生観まで「環」になっていたのです。

環状集落とブロックチェーン

いま注目の先進的な技術であるブロックチェーン。これは、特定の管理機関(たとえば政府や銀行)に一元管理されず、データの改ざんも不可能な、参加者全員で共有・運営する(暗号化されたデータは分散して管理される)ネットワーク。仮想通貨取引やフィンテックへの応用がメジャーではありますが、今後は証券取引、公共サービス、物流システム……と「情報」と「記録」が関係するすべての分野で活用されていくとされています。

しかし、縄文人はブロックチェーン的な考え方を数千年も前に先取りしていました。それを色濃く表すのが「環状集落」です。環状集落とは、ドーナツのように真ん中を空洞にして住居を配した集落のこと。あえて「中心」となる住居を作らないことで、権力の集中を避けることができます。これは、特定の管理機関を持たないブロックチェーンのように、非中央集権的にムラをまとめるシステムでした。横並びの人間関係であれば相互に関係を築きやすく、軋轢も生まれにくかったと思われます。だから何、というわけではありませんが、やっと世界が縄文に追いついてきた一例です。

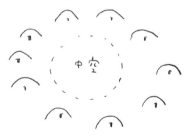

野山を駆け回らないんだったら、一体どこを駆け回ればいいというのだ！

草創期九州の縄文人

喫煙所での
雑談のつもりが
ついつい神話を
ノーカットで
話してしまう。

そう、魅力的な物語をたくさん持っている人は楽しく魅力的な人なのだ。

縄文時代の神話について
語る時に僕らの語ること

現在のモノの売り方のひとつのテクニックとしてストーリーブランディングという方法があります。ブランドの物語を神話ばりに演出して顧客に共有させ、モノに付加価値をつける方法です。その方法の良し悪しは置いておいて、物語の魅力には現在も縄文時代もヒトは抗えないものなのでしょう。

縄文時代の神話について語る時に、語るすべを持たないのが現代人。何しろ縄文時代に話されていた言葉、単語ひとつですら僕たちは一言も知らないのです。

ここで参考になるのはやはりアイヌ文化。日本が弥生、古墳、飛鳥、平安と順調に中央集権の国家を作り始める頃、別の歴史をたどった北海道のアイヌは(異論はありますが)縄文時代の文化の流れを本州の日本人に比べて、色濃く残しています。

アイヌの語る物語にはたくさんの種類があります。カムイ＝神が語る神話から、話者の一人称で語る散文説話や英雄叙事詩、たくさんの唄に、おまじないのようなとなえごと。教訓めいた話もあれば、単純に楽しいお話、種類によって歌うように話すものもあれば、リズムのあるものもあり、語り方も多彩。しかも文字を持っていなかったアイヌは、それらすべてを一度で覚え、それをまた伝え合っていたといいます。英雄叙事詩などひどく長い物語でもです。

現在で口約束というと、いつでも反故にすることができる信用のならない約束のことをいいますが、文字を持たないアイヌにとって、言葉の約束とは必ず守らなければならないもので、それがアイヌの共通の認識でした。とにかく、人の言葉を聞くということはアイヌにとっての真剣勝負であり、一期一会という言葉はまさにアイヌにふさわしいものです。

ちなみにここで書いたことはすべてこの本の受け売りです。『語り合うことばの力──カムイたちと生きる世界』(中川裕 著)

記念写真は
ピースではなく
三本指を立てる。

縄文意識高い系
ビジネスパーソンの
狩猟採集的仕事術
86

縄文のピース、三本指。

解説：なぜでしょう。縄文中期の山梨や長野の土器に描かれる人物らしき装飾はたいてい三本指です。

人体文様付有孔鍔付土器
山梨県鋳物師屋遺跡出土 縄文中期
南アルプス市のふるさと伝承館

ホラをふくことを大洞式と言う。

縄文意識高い系
ビジネスパーソンの
狩猟採集的仕事術
87

縄文時代の一番のエンタメは会話だ。より大きなホラをふける人物は器も大きい。誰もが器の大きい人と仕事をしたいはずだ。

解説：アイヌの語られる物語も、語る人物によって結末が異なることがあるようです。それは物語を盛ることがマナーとして求められているからなのです。
大洞式とは、亀ヶ岡式土器の正式名称。この二つはどちらを使っても間違いではありません。目の大きなことでお馴染みの遮光器土偶もこの亀ヶ岡文化の土偶です。

✚文化を言うときには「亀ヶ岡文化」、土器を言うときには「大洞式」と分けている考古学者も多いようだ。

大事な商談は風下から近づく。

縄文意識高い系ビジネスパーソンの狩猟採集的仕事術
88

ビジネスとは狩りである。とは冒頭で取り上げたメソッドだが、より慎重を期する時は風下から近づくべきだろう。獲物と新規顧客は匂いに敏感だ。気付かれずに近づき、不意を食らわし、見積もりに対する判断力を鈍らせるのだ。

解説：現在の猟でも風下から獲物に近づくのは初歩的なメソッドとなっています。

文書より口約束のほうを信じる。

縄文意識高い系
ビジネスパーソンの
狩猟採集的仕事術
89

ペンは剣より強し、言葉はペンより強し。

解説：口約束を信じるということは、目の前の人を信じるということ。だいたい文書になっているからそれが正しいと、誰が言ったのでしょうか。（たいていは文書が正しい）

✚参考（➡125ページ）

腹を割って
話すべき会議は
火を囲む。

縄文意識高い系
ビジネスパーソンの
狩猟採集的仕事術
90

なぜか火を見ると素直になってしまわないだろうか。暖かく、安心し、ここでは何を話しても受け入れてもらえるように思ってしまわないだろうか。心理学的にもどうやら火にはそんな効能があるようだ。旧石器時代から人類は幾度となく火を囲み、腹を割ってきた。そんな記憶がいまだにヒトの無意識に刻まれている。

解説：人類の焚き火の歴史は100万年前まで遡ります。南アフリカの洞窟で当時の焚き火の跡が見つかっています。

縄文意識高い系
ビジネスパーソンの
狩猟採集的仕事術

91

ウォーターサーバーで
イボキサゴを育てている。

イボキサゴは海水に棲む貝である。よって、しょっぱくて飲めないし、茹でてないなら出汁も出ないだろう。

解説：千葉県の加曽利貝塚の貝層の大半をしめるのがイボキサゴ。小さな巻貝で、いちいち中身をほじくり返すのが大変なので、出汁をとるのに活用されたのではないかといわれている。日本の出汁文化は縄文時代から始まっていたのです。

のり付けは
アスファルトで。

縄文意識高い系
ビジネスパーソンの
狩猟採集的仕事術
92

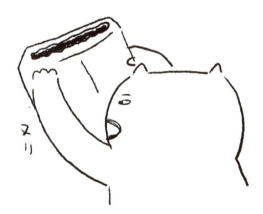

涙の数だけ強くなれるよアスファルトに咲く花のように、と誰かが歌っていたが、漆を混ぜて接着力を高めたりしていたのだ。

解説：日本にも油田がいくつかあり、縄文時代はそこから産出する天然アスファルトを使い、接着剤として、ヤジリや土器や土偶などの修復に使われたりしていました。産油地の限られるアスファルトも交易によって広く、遠くに運ばれていたのです。

縄文意識高い系
ビジネスパーソンの
狩猟採集的仕事術

93

フィックス、ニーズ、アサイン。わけのわからない横文字を聞くとムラの犬の顔を思い出す。

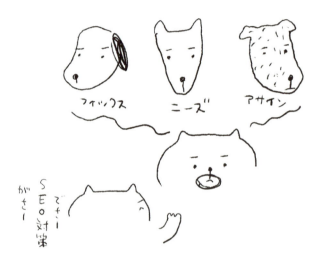

わけのわからないことを言うことがカッコいいと思っている同僚には、いちいち全部意味を聞いてみるのはどうだろうか。半分くらい答えられないんじゃないだろうか。

解説：一切の固有名詞がわからない縄文時代ですが、現代にもよくわからない言葉が流通しているようです。
➕フィックス＝決定事項、ニーズ＝需要、アサイン＝暗殺者。

134

接待や打ち合わせに使えるいい店よりも、石や土の産地のほうに詳しい。

縄文意識高い系ビジネスパーソンの狩猟採集的仕事術
94

「いい店」を知っていることが意外と上司にとり入る近道だったりする現代ビジネスシーン。そんなことより不純物の少ない黒曜石の産地を把握しているほうが勝利の近道なのだ。

解説：旧石器時代には日本列島の資源の産地はだいたい把握されていて、どこで何が手に入るのか縄文人は知っていました。彼らは自分たちの住む世界に詳しかったのです（→106ページ）。

本当の
キャッシュレス
とは我々のことだ。
と、胸をはる。

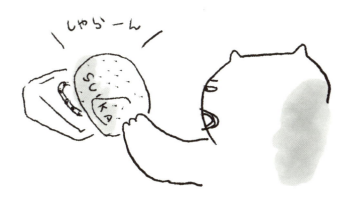

キャッシュレスとは、ある意味縄文回帰ということだろう。

解説：クレジットカードにスマホ決済、電子マネーと、社会のキャッシュレス化はこれからますます進んでいくでしょう。さらに時代が進めば現金を見たことのない世代だって現れるかもしれません。まるで縄文人のように。

+Suica型磨製石器、クレジット土版などがある。

土器様式が
いろいろなように、
簿記もいろいろだ。

縄文意識高い系
ビジネスパーソンの
狩猟採集的仕事術
96

簿記だけじゃなく、さまざまなものにさまざまなスタイルがあるのだ。

解説：発掘によってわかることの代表として土器様式があり、共通の土器様式を持っているエリアを〇〇文化圏（→104ページ）といいます。その文化圏ごとに日常のあらゆるものにスタイルがあったのです。

株価の乱高下より、気候の乱高下が気になる。

縄文意識高い系
ビジネスパーソンの
狩猟採集的仕事術
97

気候の乱高下は下手したら命に関わるかもしれない。それに比べ、株価で凍えたりはしないのだ。(ある意味寒くなるときもあるのは確かだが……)

解説:解説するまでもないでしょう。どんな出不精の縄文人だって天気の予測が正確にできて当たり前なのです。

愛読書が首長稲耕作だ。

縄文意識高い系
ビジネスパーソンの
狩猟採集的仕事術
98

稲作は禁句だ。

解説：稲耕作（→145ページ）はもちろん課長島耕作のパロディ（失礼しました！）ですが、本物の島耕作は部長、取締役、常務、専務、社長、会長と順調に出世した後に、現在は前日譚としてヤング、係長、学生とまるで映画『ベンジャミン・バトン』のように数奇な運命を辿っています。

縄文意識高い系
ビジネスパーソンの
狩猟採集的仕事術

何に使うのか
よくわからんものを
自慢してくる。

よくわからないものは価値がない
のではなく、無限の可能性がある
のだ。

✚右のよくわからんもんはうずまき状土製品。伊勢堂岱遺跡、秋田県。

よくわけわからんものの時代

縄文時代は「いい意味で」わけのわからない時代です。考古資料が乏しいのはもちろん、はっきり言って、ちゃんとわかっているものなどひとつだってなかったりします。

もちろん「定説」とされている事柄や、賛同者が多い有力な一説、のようにある程度認知されている事柄もありますが、つまるところ誰も確認できないことのほうが多いのがこの時代の特徴なのです。

そんな時代をどうやって楽しめばいいのか。これはフリーマガジン『縄文ZINE』でもたびたび取り沙汰される疑問ですが、そのことについてだって誰も明確な答えを持ってはいません。

わけわからんことはエンタメだ

たとえば映画のクライマックス、主人公とヒロインの別れのシーン。二人は何も言わず目で会話する。帽子を目深にかぶり、主人公はドアを開けて店を出る。ヒロインはいつまでもそのドアを見つめ続ける……。ここには言葉はいらない。言葉にしてしまったら興ざめのシーンです。

たとえば小説。十年前の約束を覚えていた主人公は、約束の場所で彼女を待つ。しかし彼女は来ない。待ちくたびれた主人公は諦めてその場を立ち去ろうとする。帰り道、遠くに見覚えのあるシルエットを見つける。やがて彼女も主人公を見つけ、二人の歩みは早くなる……。

ここで小説が終わってもいい。会ってしまったら興ざめなときもあるのです。ラストシーンで読者をポンと放り出すことで著名な角田光代さんなら、さらに数シーン前に終わらせるでしょう。

わからないこと、それ自体が余韻でありエンタメ。「そして二人は幸せに暮らしましたとさ」というラストほど、つまらないものはないのです。

「縄文時代は結末のないミステリー小説だ」。縄文時代の魅力を端的に表すとしたらこうなります。謎の解明というカタルシスに向かう道程、それこそが縄文時代。

結末のない物語は永遠に終わらない——。

縄文意識高い系
ビジネスパーソンの
狩猟採集的仕事術

100

ビジネス書『高床式思考法』がベストセラーになり、時代は変わってしまったことを痛感する。

高床式思考法がどんな思考法かはわからないが、少なくとも竪穴式思考法よりも新しいことは確かだ。どうせお米が美味いとか金属がすごいとか、そんなことを言いだすのに違いない。

解説：もちろんこんな思考法もありません。

おわりに

1万年持続した老舗の時代

現代のビジネスの現場は複雑怪奇、社外も社内も、顧客も取引先も、各自の思惑がベトナム・ホーチミンの繁華街の電線のように絡み合い、もはや手の打ちようがありません。

それとは逆に縄文時代はシンプルな時代でした。暮らし方も、考え方も、生活の楽しみ方も。何もかもが本来の人の生理に基づいている時代。さらにその立脚点にはしっかりと彼らを取り巻く世界としての自然の生理が土台となっていて、どこから見ても揺るぎのない構造をしています。

1万年以上持続した老舗の時代の理由は、こんなところにあるのです。

もちろんシンプルと言ってもそこには彼らなりのエッセンスや独自のルールがあり、時代を数千年進めてしまった僕たち現代人から見ると、なんのこっちゃわからないモノやコトがあったりもします。それこそが縄文時代のユニークで興味深いところでもあるのですが、それを「なんのこっちゃ」と切り捨てるのは現代人の思慮の足りないところ、そのなんの

こっちゃは人間と自然の生理にしっかりと根ざしたシンプルなアイデアに満ちているからです。

僕たち現代人だって、もともとは人の生理に突き動かされている縄文人と同じ人間です。複雑に絡み合った現代ビジネスの思惑の電線を一つ一つ解きほぐし、その源流を辿ってみれば、そこには縄文時代と変わらない人間の欲求が見えてくるのではないでしょうか。

本書を最後まで読んでいただきありがとうございます。ビジネスと縄文という、一見相反するジャンルの不思議なマリアージュを楽しんでいただけたでしょうか。
あなたのビジネスと縄文にほんの少しでも役に立ったとしたらこれほどの幸せはありません。

縄文ZINE編集長

望月昭秀

タイム イズ マロン。
中期、三内丸山の縄文人

#ビジネス縄文

本書の元々の企画は縄文ZINEがtwitter上で始めた「#ビジネス縄文」の企画を元にしています。このハッシュタグでは、縄文ZINE以外にもたくさんの縄文意識の高いビジネスパーソンたちが、華麗なメソッドを投稿して、楽しいひと時を過ごさせていただきました。特に多く呟いていただき、実際今回収録の「100」の中にも入れさせていただいた方のアカウントをあげさせていただき、この場を借りてお礼を申し上げます。それ以外の方からも有形無形にアイデアをいただきました。今回このように形になったのはみなさんのおかげです。ありがとうございます。

special thanks

小林亨
@chiporo52tk

いはち
@ihakichi

やる気ゼロリーマン
@ponka2

上田　忠太郎
@C_UEDA

ヤミラ
@yamiramira

萬里
@Yedhah

康
@yasubeat

あさみ
@kaninoasami

札幌国際大学縄文世界遺産研究室
@siujomon

吉田屋遠古堂
@bow1965

To.t (たあと)
@Tot_typeT_time

savo sugar
@5notes

縄文ZINE Books

縄文ZINEの本、
好評発売中

フリーペーパー『縄文ZINE』とは、年数回発行される縄文時代のことしか載っていないカルチャー誌です。詳しいお知らせはホームページやSNSなどを見てください。

@jomonzine
http://jomonzine.com

縄文人に相談だ
縄文ZINE編集長 望月昭秀

定価:本体1,500円+税
ISBN978-4-336-06289-0
国書刊行会

縄文ZINE 土

定価:本体1,480円+税
ISBN978-4-909963-0-7
ニルソンデザイン事務所

著者略歴

望月昭秀（もちづき・あきひで）
1972年、弥生の遺跡である登呂遺跡で有名な静岡県生まれ。株式会社ニルソンデザイン事務所代表／縄文ZINE編集長。2015年からフリーペーパー『縄文ZINE』を発行。著書に『縄文人に相談だ』（国書刊行会）がある。

縄文人モデル　木村則生
撮影・イラスト　望月昭秀
漫画　前田はんきち

縄文力で生き残れ
縄文意識高い系ビジネスパーソンの華麗なる狩猟採集的仕事術100

2018年7月10日第1版第1刷発行

著者	望月昭秀
発行者	矢部敬一
発行所	株式会社 創元社

http://www.sogensha.co.jp/
［本社］〒541-0047 大阪市中央区淡路町4-3-6
　　　　Tel.06-6231-9010 Fax.06-6233-3111
［東京支店］〒101-0051 東京都千代田区神田神保町1-2 田辺ビル
　　　　Tel.03-6811-0662

組版・装丁　　株式会社ニルソンデザイン事務所

印刷所　　　　図書印刷株式会社

© Akihide Mochizuki 2018, Printed in Japan
ISBN978-4-422-20162-7 C0021

本書を無断で複写・複製することを禁じます。
落丁・乱丁のときはお取り替えいたします。

JCOPY 〈出版者著作権管理機構　委託出版物〉

本書の無断複写は著作権法上での例外を除き禁じられています。
複写される場合は、そのつど事前に、出版者著作権管理機構
（電話 03-3513-6969、FAX 03-3513-6979、e-mail: info@jcopy.or.jp）
の許諾を得てください。